KB235828

물어라

느껴라

움직여라

물음표와
느낌표 사이에
내 생각이
있습니다.

물음표와
느낌표 사이에
내 행동의 길이
있습니다.

물음표와
느낌표 사이에
내 행복의 창조력이
있습니다.

이 어 령 의   8 0 초

생각
나누기

왜 80초냐고요?
8자를 눕혀 보세요. 무한대의 ∞와
영원의 순환을 뜻하는 0,
가장 짧은 순간에 무한하고 영원한
생각을 담았다는 뜻입니다.
그리고 80년 동안 개켜 둔
내 생각들을 사랑하는 사람들에게
나눠 드린다는 뜻도 있어요.
잠깐만, 80초에는 0이 몇 개 있나요?

하나? 아니지요. 8자에도 0이 둘이 있으니 세 개잖아요. 맞아요? 또 틀렸군요. 정답은 둘도 셋도 아닌 무한개. 방금 말했잖아요. 8을 눕혀 보세요. 이런 것이 바로 나의 상상력과 창조력을 키우는 생각 상자이지요. '생각은 혼자, 행동은 함께', 이것이 '따로 함께' 살아가는 네트워크 시대의 아이콘이지요.

이어령

차 례

1

어머니의 발·견

Mother's Feet

동영상 보기

홀어머니를 모시고 사는
한 청년이 있었습니다.
취직을 하려고 했지만
면접 때마다 번번이 떨어졌어요.

마지막 기회라고 생각했던
면접에서도 떨어지게 되자,
청년실업자는 회장님을 붙잡고
읍소했습니다.

"늙으신 홀어머니를 모시고 삽니다.
 한 번만 더 기회를 주세요."

뜻밖에도 회장님은
관심을 보이면서
이렇게 대답했습니다.

"노모가 계시다고,
그러면 발을 씻겨 드리고
내일 다시 오게."

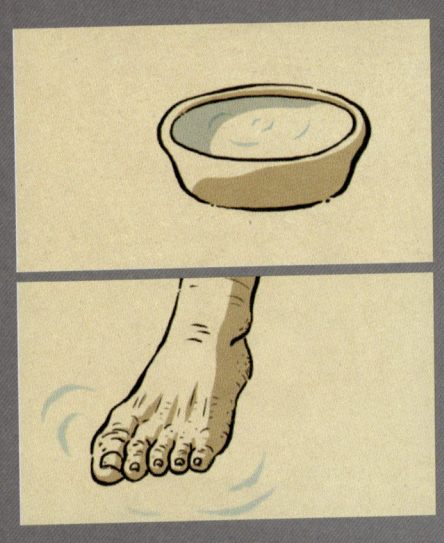

집으로 돌아온 청년은
회장님의 요구대로
생전 처음 어머니의 발을
씻겨 드리려고 했지요.

그 순간 어머니의 발에 박힌
굳은살을 본 것입니다.

그것은 사람의 발이 아니었습니다.
거북이 등처럼 굳어진 발은
여기저기 갈라지고 발톱은 닳아
검게 오그라져 있었습니다.

어머니가 나를 위해 가셨던 길들은
천 걸음인가, 만 걸음인가.

아들을 위해 발이 닳고
피멍이 들도록 걸어온 어머니의 사랑과
슬픔의 흔적들이었습니다.
청년은 펑펑 쏟아지는 눈물을
감출 수 없었지요.

어머니의 발을
만져 보고서야

비로소 어머니의 마음을
만져 볼 수 있었습니다.

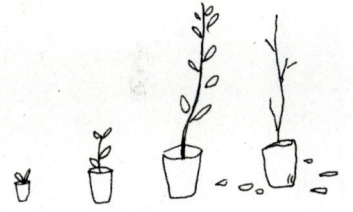

다음 날, 회사로 다시 찾아간 청년은
회장에게 인사를 했습니다.

"회장님 감사합니다.
 회장님은 저에게 어머니의 사랑이
 어떤 것인지 온몸으로
 깨달을 수 있게 해 주셨습니다."

면접도 마다하고 돌아서 나온 청년에게
회장은 말했습니다.

"되었네. 내일부터 출근하게."

이 이야기는 실제로 일본 어느 기업의
면접시험에서 있었던 일이라고 합니다.
회장님은 왜 청년을 채용했을까요?
효자라서만 그랬던 것은 아닌 것 같죠?
몸으로 어머니의 사랑을 느낄 수 있는 사원은
고객에게도 똑같이 관념이 아닌
가슴으로 대할 수 있기 때문일 것입니다.

손으로 만져 보세요.
머리로 생각하는 것과 다른
또 하나의 세계가
거기 있습니다.

2

사람에게 배우다

아버지와
손을 잡을 때

It's Time to hold Your Father's Hand

▶ 동영상 보기

까치 한 마리가
뜰로 날아왔습니다.

치매기가 있는
백발노인이 창밖을
내다보다가
아들에게 물었습니다.

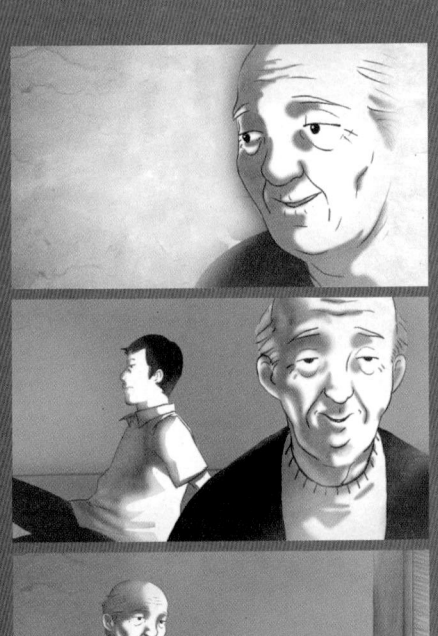

"얘야! 저 새가 무슨 새냐?"
"까치요."

아버지는 고개를 끄덕이시더니
조금 있다 다시 물었습니다.

"얘야! 저 새가 무슨 새냐?"
"까치라니까요."

아버지는 고개를 끄덕이시고는
창밖을 바라보시더니
또 같은 말을 하십니다.

"얘야, 저 새가 무슨 새라고 했지?"

"몇 번이나 대답해야
아시겠어요!

까치요, 까치라고요!
까치라고요."

그때, 옆에서 듣던 어머니가 한숨을 쉬고는
말씀하셨습니다.

"아범아, 너는 어렸을 때
 저게 무슨 새냐고 백 번도 더 물었다."

"아빠, 저 새가 무슨 새에요?"
"응, 까치란다."

"까치요? 아빠 저 새가 무슨 새에요?"
"까치야."

"까치요?"

"그럴 때마다 아버지는
'까치란다, 까치란다.'

몇 번이고 대답하시면서
말하는 네가 귀여워서
머리를 쓰다듬어 주셨지.

그래서 네가 말을 배울 수
있었던 거다."

언젠가부터 전해 내려오고 있는
아버지와 까치의 이야기입니다.
이제는 우리가 아버지의 손을
잡아드릴 때입니다.

그래요.
지금 힘없이 떨리는 저 손이
처음 발을 딛고 일어설 때 잡아 주시던 손.
땅바닥에 넘어져 무릎을 깼을 때
울던 나를 일으켜 세우시던 그 손.
코 흘릴 때 훔쳐 주시고
눈물 흘릴 때 닦아 주셨던 손.
이제는 매를 들어 때리셔도
아플 것 같지 않은 가랑잎처럼 야위신 손.

꼭 잡아 드리세요.
언젠가 나를 잡아 주셨던
아버지의 그 손을.

3

검색이 아니라
사색이다

Be a Thinker, Not a Searcher

▶ 동영상 보기

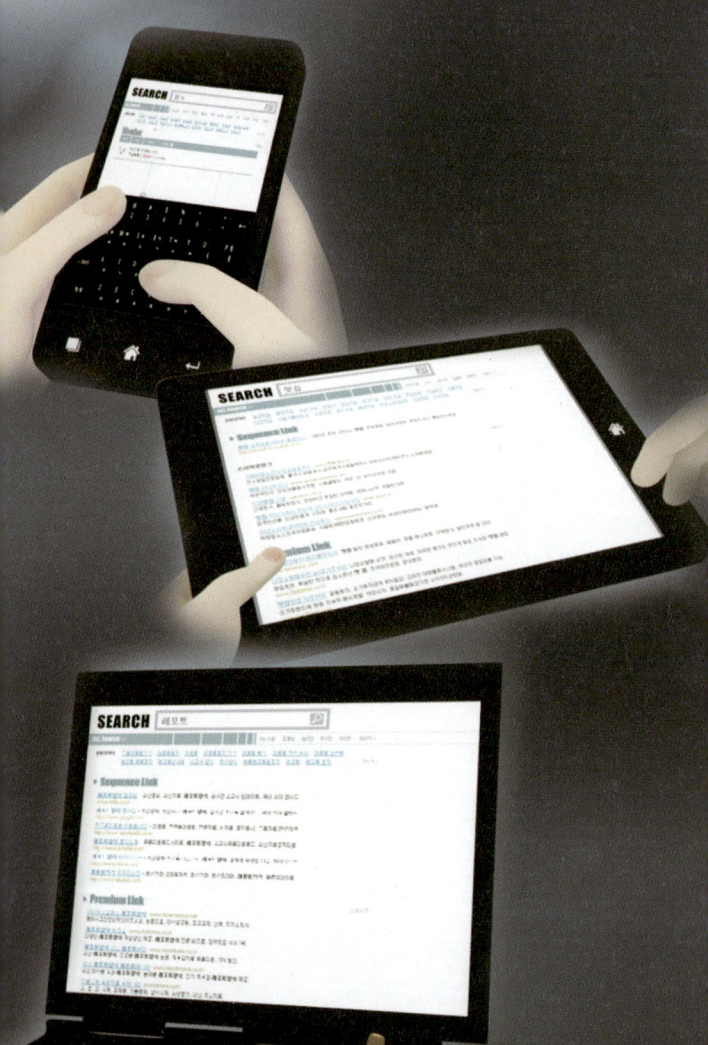

컴퓨터나 스마트폰으로
생활하고 있는 젊은이들은

사색하지 않고
검색을 합니다.

숙제도 검색으로 하고
친구와 밥 먹을 곳도 검색으로 찾고

검색하지 않으면
쇼핑도 사랑도 못합니다.

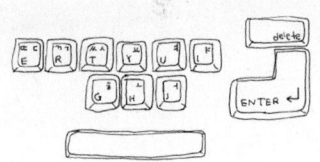

그러나
저녁노을을 보는 감동,

새가 날아가는 경이로움,

마른 가지에서
꽃이 피는 기적을
검색해 보세요.

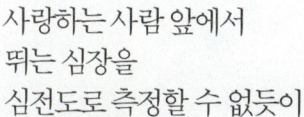

사랑하는 사람 앞에서
뛰는 심장을
심전도로 측정할 수 없듯이

죽음의 슬픔
삶의 기쁨을
검색해 보세요.

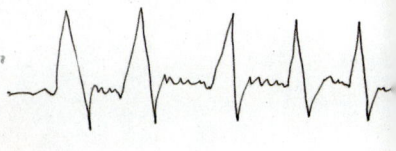

지난 여름

사랑하는 친구와 함께
손을 잡고 해변을 달리던 때의
그 바다를 검색해 보세요.

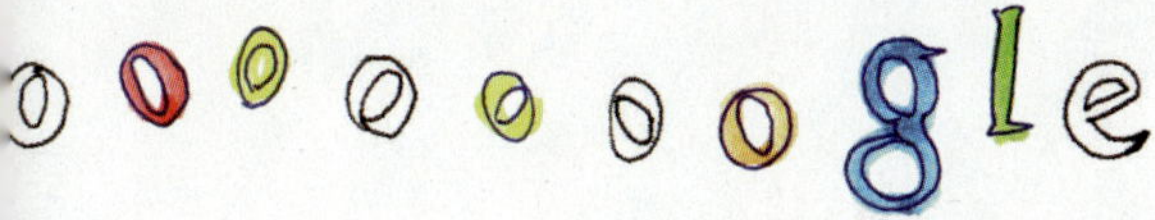

구글의 동그라미가
무한으로 이어져도
아무것도 말하지 못하는
세상이 있습니다.

4

콩 세 알을
심는 뜻

Three Beans

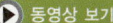
동영상 보기

할아버지와 손자가
밭에서 콩을 심고 있었습니다.

손자가 흙에 구멍을 내면
할아버지는 콩 세 알을 넣고
흙을 덮습니다.

손자가 이상해서 물었습니다.

"할아버지, 구멍 하나에 콩 한 알만 심으면
되지 왜 세 알씩 넣으세요?"

할아버지는 구슬땀을 씻으며
허허 웃으셨습니다.

"그래야,
하늘에 나는 새가 한 알 먹고
땅에서 사는 벌레가 한 알 먹고
나머지 한 알이 자라면
사람이 먹는 거란다."

맞아요.

그렇게 굶주리고 배가 고픈데도
감 하나를 따지 않고 남겨두는 까치밥

밭에서 일하던 농부들이
곁두리를 먹기 전에
음식을 던지는 고수레의 풍습.

우리는 콩 세 알을 뿌리는 마음으로
살아온 사람들.

콩 세 알을 심는 이 마음을 옛 조상들은
삼재사상(三才思想)이라고 불렀습니다.

하늘 천 땅 지 사람 인
이 세 힘이 한데 어울려 사는 세상.

할아버지,
왜 콩 한 알이 아니라 콩 세 알이지요?

농약을 뿌려
사람 혼자 먹는 농사가
아니었던 시절.

할아버지와 손자는
하늘을 보고 땅을 보고
크게 웃었답니다.

5

이야기와 사물에서 배우다

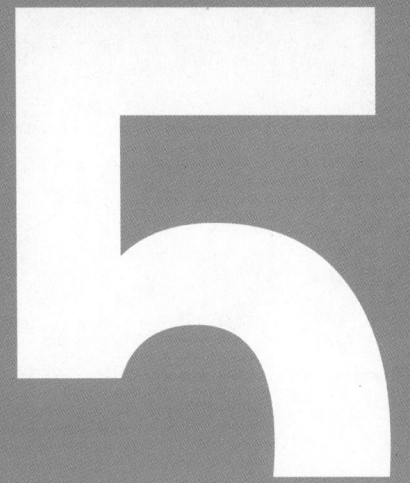

아르키펠라고의 달걀

The Egg in an Archipelago

동영상 보기

달걀을 삶으면
애초의 원형 그대로입니다.

세 개의 달걀은
세 개의 달걀로 제각기 따로 있습니다.

달걀을 깨어 함께 찌면
모든 것이 하나로 섞입니다.

세 개의 달걀은
개체의 모양을 상실하고
그냥 하나가 됩니다.

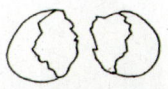

그런데 달걀 프라이는
어떻게 될까요?

보십시오.
노른자위들은
그대로 독립되어 있지만
흰자위는 서로 구별 없이
하나로 붙어 있습니다.

세 개의 달걀은
세 개의 달걀인 채로 있으면서도
하나로 결합되어 있는
모양을 하고 있습니다.

나를 잃지 않고서도
남들과 어울리려면
개성을 가진 채로
조직 안에서 활동하려면

삶은 달걀이나
달걀찜이 되어서는 안 됩니다.

달걀 프라이를 하듯이
하나로 이어진
하얀 바다 위에
노랗게 떠 있는
아르키펠라고(群島)처럼
살아야 합니다.

사물에서 배우다

감동

Be Moved

▶ 동영상 보기

풀을
움직이게 하라.

나무를
움직이게 하라.

사람을
움직이게 하라.

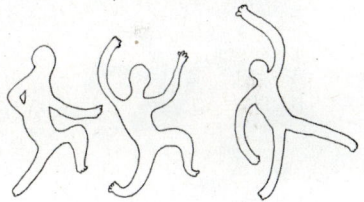

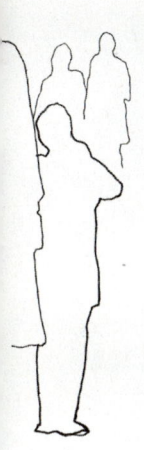

모든 움직임은
느낌에서 온다.

그러나
움직임에 방향이 없다면
달리는 말에
고삐가 없다면

느낌은 낭떠러지로
추락한다.

느낌에
방향을 주라.

움직임에
화살표를 주라.

$$\longrightarrow$$

감동을 타고
우리는 한 번도
가보지 못한
나라로 갑니다.

7

구구소한도
추위를 이기는 법

81 Days to Spring, or How to Wait for Spring

▶ 동영상 보기

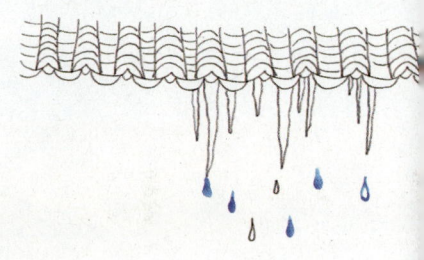

겨울이 오면
사람들은 장작을 쌓고
난로를 피우며
겨울의 추위를
이겨내려 합니다.

하지만 옛날 사람들은
동짓날이 되면
구구소한도를 그렸습니다.

$9 \times 9 = 81$,
여든한 송이의
하얀 매화(白梅)를 그려
창문에 붙였지요.

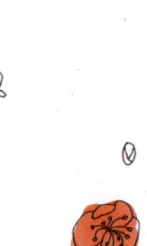

그리고 하루에 하나씩
붉은 칠을 해서
홍매(紅梅)를
만들어 갔습니다.

아무리 춥고 눈보라가 몰아치고
혹한 바람에 문풍지가 울리더라도,

그들은 매화꽃 송이 송이에
봄을 기다리는 마음을 붉게 채우며
겨울을 보낸 것이지요.

드디어
마지막 한 송이의 매화가
붉은색으로 칠해지면
정말 봄이 오는 거예요.

그림 속 매화가 아니라
봄을 알리는 매화가
눈앞에 활짝 피어있는 것을
볼 수가 있었어요.

구구소한도로
추위를 이겨낸 그 마음이
지금도 한국인의 가슴속에
살아 있어요.

매화 그림을 보며
긴 겨울을 보낸 옛사람들의
아름답고 슬기로운 마음.

한국인은
문명의 추위도
그렇게 분명
이겨낼 수 있을 겁니다.

창조의 지팡이

The Staff of Creativity

▶ 동영상 보기

깊은 산 속에서 나무꾼이
운 좋게 산신령님과 만났습니다.

나무꾼은 엎드려 빌었습니다.

"신령님! 저의 소원을
들어 주소서!"

"그래 네 소원이 뭐냐?"
"부자가 되는 것이 저의 꿈입니다.
저기 있는 돌덩어리만큼 금을 주소서."

산신령은 손에 든 지팡이를
들어 그 돌덩어리를 쳤습니다.

그러자 돌덩이는
눈부신 황금으로
변했습니다.

나무꾼은 금덩어리를 보고도
다시 엎드려 빌었습니다.

"아직 저의 꿈이 이루어지지 않았습니다."
"네 소원이 금덩어리가 아니었더냐?"

"예, 그런데 금덩어리는
이제 필요 없습니다.
산신령님,
그 지팡이를 저에게 주세요."

그래요.
우리의 꿈은 황금이 아니라
황금을 만드는 지팡이입니다.

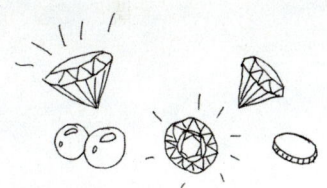

만들어진 것이 아니라
무엇인가를 만들어 가는
창조의 지팡이입니다.

9

두더지보다
부자세요?

Are You Richer than Moles?

 ▶ 동영상 보기

들토끼 가운데는
자기 몸무게보다
100배가 넘는 건초를
저장하는 녀석이 있대요.

추운 겨울을 나기 위해서
먹을 것을 예비해 두는 거지요.

두더지들은 지렁이를 반만 먹고
나머지는 자기 굴속으로 끌고 간대요.

훗날 키워서 먹으려고
지금의 배고픔을 참는 거지요.

800마리나 되는
지렁이를 키우고 있는
두더지의 농장을
발견한 적도 있대요.

해오라기는
벌레를 잡아 냇물에
떨어트린대요.
그것을 먹으려고
모여드는 물고기를 잡으려고요.

작은 것을 투자하여
더 큰 먹이를 얻는 거지요.

토끼보다는
두더지가 낫고

두더지보다는
해오라기가 더 나아요.

그런데
저축은 하고 계세요?
내일을 위해서
투자를 하시는지요?

정말 사람들이
토끼보다 두더지보다
그리고 해오라기보다
더 똑똑하다고
생각하세요?

0

사람에게 배우다

수염을 찾아라

Where Is Your Beard?

▶ 동영상 보기

하얀 수염이
신선처럼 앞가슴을 가린
할아버지가
길에서 아이를 만났습니다.

"할아버지, 수염이 그렇게 긴데
주무실 때는 수염을
이불 속에 넣고 주무세요,
빼놓고 주무세요?"

"하하하하! 고 녀석
 하하하하하하하하 내 수염을…"

대답을 하려고 했지만
할아버지는 정말 자기가
수염을 어떻게 하고 자는지
짐작이 가지 않았습니다.

"글쎄다. 오늘 밤 자고 내일 가르쳐 주마."

그리고 얼른 집으로 돌아와
초저녁부터 이부자리를 펴고 누웠습니다.

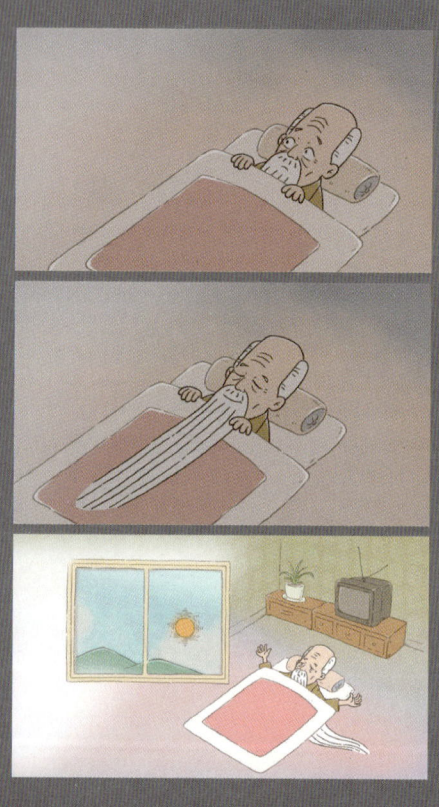

하지만, 이불 속에 넣고 자면
갑갑해서 꼭 빼놓고 잤던 것 같고,
수염을 이불 밖으로 내놓으면
허전한 것이 꼭 이불 속에
넣어 버릇했던 것 같고
이래도 거북하고 저래도 거북해서
할아버지는 밤새도록 수염을 넣다
뺐다 하면서 한숨도 못 잤어요.

십 년도 넘게 기르고 지낸 수염인데도
끝내 자신이 어떻게 잤는지
알지 못한 것이죠.

지네는 발이 무수히 많은데도
용케 잘도 기어 다니지요.
두꺼비가 물었어요.

"너는 어떻게 그 많은 발을 용케 순서도
헷갈리지 않고 그렇게 잘 기어 다니니?
난 네 개인데도 어려워."
"하하하, 아주 쉬워, 자 봐라."
"자 이렇게 이 다리 먼저, 그다음에는 이 다리,
그리고 또…"

그러나 지네는 몇 걸음 못 가서
그 자리에서 꼼짝도 하지 못했어요.

막상 의식적으로 기려다 보니
할아버지처럼 헷갈려서
움직일 수가 없었던 것이지요.

그래요.
누구나 자기 가슴속에 묻혀 있는
수염 하나씩이 있습니다.

좀 헷갈리고
꼬인다 하더라도
자기가 어떻게 자고
있는지는 알아야지요.
숨어 있는 수염을
찾아내세요.

1

신 포도를
먹고 사는 사람들

I Don't Need any Sour Grapes

▶ 동영상 보기

아시지요?
이솝우화의 여우 말예요.

높은 가지에 열린 포도를
따 먹으려다가
끝내 뜻을 이루지 못해
여우는 그만 포기하고 말지요.

그러고는 이렇게 말하잖아요.

"저 포도는 시다."라고
그 여우는 못 따 먹은 것을
안 따 먹은 것이라고
자신을 속이고 또 남을 속였지요.

그런데 요즘
이솝우화는 달라졌대요.

천신만고 노력 끝에
여우는 높은 가지의
포도를 따 먹게 된 것이지요.

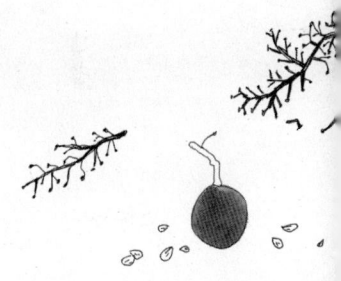

173

그러나 이 일을 어쩌지요.
그 포도는 정말
신 포도였던 것이지요.

하지만 그렇게 애써서
노력한 것이 아까워서라도
자기만 따 먹을 수 있다는 것을
뽐내기 위해서라도
그것이 신 포도라는 말을 하지 않았지요.

남들이 다 부러워하는 삶이 아닙니다.

내가 정말 행복하다고
생각하는 삶

그것을 살기 위해서
현대판 이솝우화를
다시 한번 읽어보세요.

그리고 용기 있게 말하세요.

남들이 다 추구하고 있는
그 권세라는 것,
돈이라는 것,
그러한 세속적 욕망은
사실 신 포도였다는 것을
자신 있게 말하세요.

2

1등이 되려면

To Become Number One

▶ 동영상 보기

같은 방향으로 뛰면
1등은 하나밖에 없습니다.

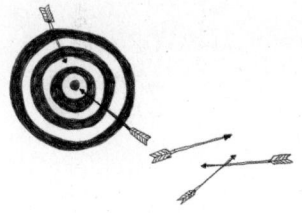

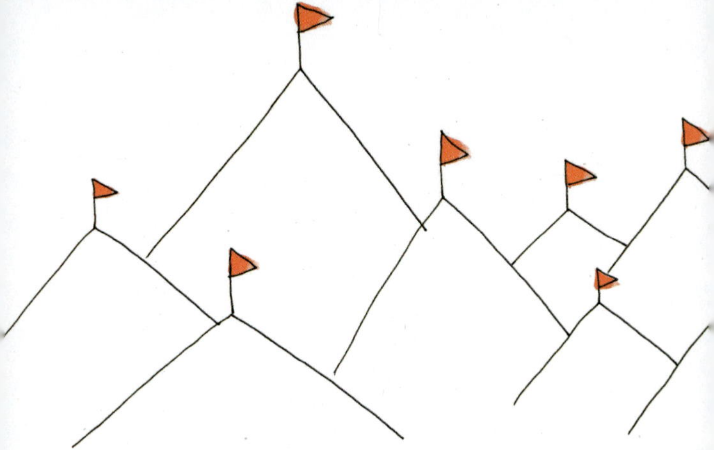

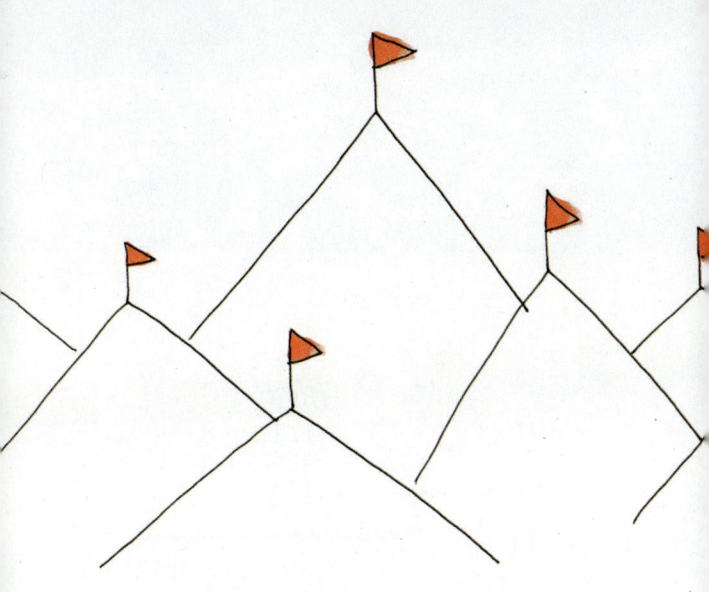

그러나 동서남북으로 뛰면
네 사람이 1등을 하고

360도 방향으로
각자 달리면 360명이
모두 1등을 하지요.

베스트 원(Best One)이 없어도
베스트 투(Best Two)가 대신할 수 있지만

온리 원(Only One)이 없어지면
아무도 그를 대신할 수 없지요.

왜 꼭 그 학교라야 하나요.
왜 꼭 그 직업이라야 하나요.

판사, 검사가 아니라도
의사, 박사가 아니라도
길은 많아요.

틀림없이 있을 거예요.

남들과 다른 나만의 재능.

나처럼 생긴 지문은
70억 인구 가운데
오직 나 하나뿐입니다.

하나밖에 없는
사람들끼리 손을 잡으면
강강술래처럼
둥근 원을 만들어
춤을 출 수가 있어요.

이 책을 발간하면서

하드웨어 시대를 넘어 콘텐츠의 시대가 열렸습니다.
모바일 뉴미디어가 새 바람을 일으키고 있지만,
그 그릇에 담을 콘텐츠는 옛날 그대로입니다.
스티브 잡스는 위대한 창조인이지만 그가 만든 것들은
우리의 호주머니 안으로 들어가는 것입니다.
그러나 여기 이 80초 메시지들은 사람의 머리와 가슴으로 들어갑니다.
모바일 미디어는 남들이 만들어 주지만 그것에 담는 콘텐츠는
내 머리와 가슴으로 만들어 가야 하기 때문입니다.
시공미디어는 사람의 머리와 가슴에 들어가는 콘텐츠, 인성과 창조의 콘텐츠로
이러한 콘텐츠 시대의 새로운 패러다임을 열어 가고자 합니다.
KBS TV 프로그램으로 제공해 온 〈이어령의 80초 생각나누기〉를
그 첫 단추로 끼웠습니다.
이 책은 이어령 박사가 주장해 온 디지털과 아날로그를 결합한
최초의 디지로그 북으로, 종이책에 인터넷 동영상을 넣어 모든 콘텐츠를
활자와 영상으로 함께 볼 수 있도록 한 새로운 상상의 공간입니다.
앞으로 계속 출시하게 될 〈이어령의 80초 생각나누기〉 가운데 우선 12편을 골라
우리의 행복한 미래를 선언합니다.

발행인 박기석

이 어 령 의   8 0 초

생각
나누기

출판일 | 2012년 12월 10일

저자 | 이어령
발행인 | 박기석
Design | 표지 이길형, 내지 윤컬처
Illustration | 황정하
영상감독 | 원종식(아슈비아 만화영화 푸로덕숀)
영상 Illustration | 한병아, 장민희, 이화석, 김형진, 김아영,
Jean Julian, 민성아, 김다혜, 오상민, 박생기

발행처 | ㈜시공미디어
출판등록 | 2007년 3월 3일(제2007-000055호)
주소 | 경기도 성남시 분당구 판교역로 225-20 시공빌딩
홈페이지 | www.sigongmedia.co.kr
전화번호 | 02-3440-2300
팩스번호 | 02-3440-2301

ISBN 978-89-97536-26-9 03190